BEI GRIN MACHT SICH IHR WISSEN BEZAHLT

- Wir veröffentlichen Ihre Hausarbeit, Bachelor- und Masterarbeit

- Ihr eigenes eBook und Buch - weltweit in allen wichtigen Shops

- Verdienen Sie an jedem Verkauf

Jetzt bei www.GRIN.com hochladen und kostenlos publizieren

GRIN

Biologische Psychologie. Somatisches und vegetatives Nervensystem, Hypophysenhormone und Prinzip und Anwendungsmöglichkeiten von Neurofeedback

Sina Heller

Bibliografische Information der Deutschen Nationalbibliothek:

Die Deutsche Nationalbibliothek verzeichnet diese Publikation in der Deutschen Nationalbibliografie; detaillierte bibliografische Daten sind im Internet über http://dnb.d-nb.de abrufbar.

ISBN: 9783346362711
Dieses Buch ist auch als E-Book erhältlich.

Inhaltsverzeichnis

Abkürzungsverzeichnis

ACTH	adrenocorticotropes Hormon
ADHS	Aufmerksamkeitsdefizit- und Hyperaktivitätsstörung
CRH	CorticotropinReleasing-Hormon
EEG	Elektroenzephalogramm
fMRT	funktionelle Magnetresonanztomografie
HHN	Hypothalamus-Hypophysen-Nebennierenrinden
Hz	Herz
SMR	sensomotorische Rhythmen
SNS	somatisches Nervensystem
PNS	peripheres Nervensystem
VNS	vegetatives Nervensystem
ZNS	Zentralnervensystem

Abbildungs- und Tabellenverzeichnis

1. Die Unterscheidung des somatischen und vegetativen Nervensystems

Das Nervensystem wird definiert als „die Gesamtheit der Nervengewebe des Menschen und dient der Erfassung, Fortleitung, Auswertung und Speicherung von Informationen aus unserer Umwelt und unserem Körper."[1] Es setzt sich aus dem Zentralnervensystem (ZNS) und dem peripheren Nervensystem (PNS) zusammen.[2]

Das ZNS besteht aus Neuronen des Gehirns und des Rückenmarks. Es ist die zentrale Steuerinstanz des Körpers und die Grundlage aller psychischen Funktionen.[3] Das Rückenmark verbindet das Gehirn mit dem übrigen Körper über das periphere Nervensystem.[4] Das PNS umfasst die Teile des Nervensystems, die außerhalb des Gehirns und Rückenmarks liegen[5] und kann definiert werden als „Netzwerk der sensorischen und motorischen Neuronen, die die Verbindung zwischen dem zentralen Nervensystem und der Körper-oberfläche bilden."[6]

Das Nervensystem kann nach Lokalisation und Funktion untergliedert werden. Hinsichtlich der Lokalisation erfolgt eine Unterscheidung in zentrales Nervensystem (ZNS) und peripheres Nervensystem (PNS). Beide Systeme enthalten vegetative und somatische Anteile.[7]

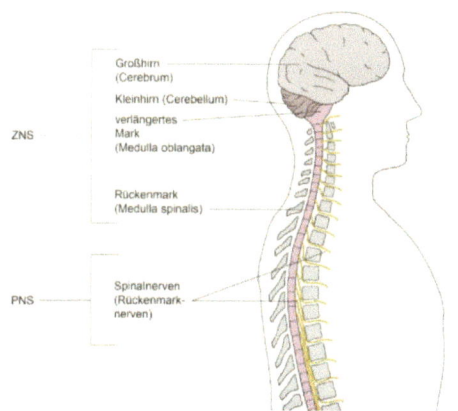

Abbildung 1: Gliederung des Nervensystems nach Lokalisation
Quelle: Kugler (2017), S. 397.

---

[1] Entringer/Heim (2016), S. 14.
[2] Vgl. Birbaumer/Schmidt (2010), S. 72.
[3] Vgl. Becker-Carus/Wendt (2017), S. 43.
[4] Vgl. Zimbardo/Gerrig (1999), S. 66-67.
[5] Vgl. Kindermann (2020), S. 70.
[6] Zimbardo/Gerrig (1999), S. 67.
[7] Vgl. Kugler (2017), S. 396.

Obwohl das ZNS als „zentraler Kontrollturm" gilt, ist es von der Außenwelt isoliert. Periphere Nerven befinden sich überall im Körper und tragen die Informationen von den sensorischen Rezeptoren in den Augen, Ohren, Haut etc. zum Gehirn oder Botschaften vom Gehirn und Rückenmark zu den Muskeln und Drüsen. ZNS und PNS kommunizieren ständig miteinander.[8] Das PNS stellt somit die Verbindung zwischen dem ZNS und der Peripherie, d.h. den Organen, den Muskeln und der Körperoberfläche, her.

Hinsichtlich der Funktion wird das Nervensystem nach somatischem Nervensystem (SNS) und vegetativem Nervensystem (VNS) unterschieden.[9]

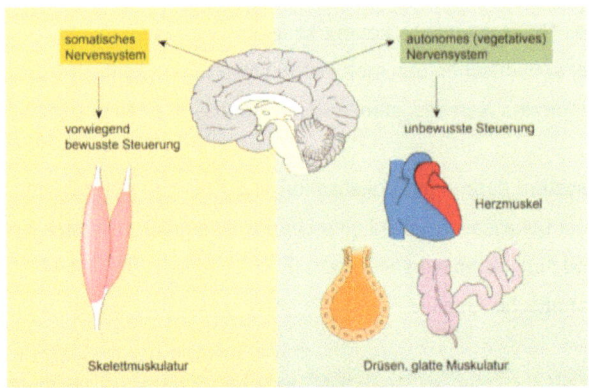

Abbildung 2: Gliederung des Nervensystems nach Funktion
Quelle: Kugler (2017), S. 397.

Das SNS ist das willkürliche Nervensystem, das hochdifferenziert ist und bewusst ablaufende Körperfunktionen, wie bewusste Bewegungen, steuert.[10] Es dient der Innervation der Skelettmuskulatur.[11] Ferner liegt der Schwerpunkt auf der bewussten Wahrnehmung und Verarbeitung von Umweltreizen und körpereigenen Reizen.[12] Es überträgt Reize von Augen, Ohren, Haut, Skelettmuskeln und Gelenken an das ZNS. Die Informationen von den Rezeptoren der Sinnesorgane und Körperrezeptoren werden vom ZNS verarbeitet, das wiederum Signale an

---

[8] Vgl. Zimbardo/Gerrig (1999), S. 66-67.
[9] Vgl. Kugler (2017), S. 396.
[10] Vgl. Dierlmeier (2015), S. 25.
[11] Vgl. Kugler (2017), S. 396.
[12] Vgl. von der Assen (2016), S. 80.

die Skelettmuskulatur übermittelt. Dadurch ist das SNS der mit der Umwelt inter-
agierende Teil des Nervensystems.[13] Es unterliegt der willentlichen Kontrolle und
kann intendierte Bewegungen wie das Heben des Fußes ausführen.[14]

Im Gegensatz zum SNS unterliegt das VNS nicht der direkten, willkürlichen Kontrolle, sondern erfüllt die Aufgaben ohne Impuls selbstständig.[15] Daher wird es
auch als autonomes Nervensystem bezeichnet.[16] Es ist das unwillkürliche Nervensystem,[17] das weitgehend unbewusst funktioniert.[18] Es regelt die inneren, vegetativen Körperaktivitäten[19], steuert die Eingeweidetätigkeit[20] und reguliert lebenswichtige Funktionen der Atmung, des Kreislaufs, des Stoffwechsels, der
Drüsensekretion, der Körpertemperatur und der Fortpflanzung.[21] Es ist neben
dem endokrinen System das Kommunikationssystem für den Informationsaus-
tausch zwischen den einzelnen Organen. Innerviert werden die glatten Muskeln
der Organe sowie Systeme wie das Herz und die Drüsen.[22]

Das VNS sorgt für das Überleben des Individuums, indem es bei äußerer Bedrohung aktiviert wird und lebenswichtige Körperfunktionen auch im Schlaf, unter
Narkose oder im Koma aufrechterhält.[23] Ferner ist es dafür zuständig, dass die
Homöostase des Gesamtsystems erhalten bleibt und sich der Organismus an
wechselnde Bedingungen anpassen kann.[24] Anpassungsreaktionen sind bspw.
der Anstieg des Herzzeitvolumens und der Muskeldurchblutung bevor eine willkürliche körperliche Anstrengung erfolgt oder das Auslösen von Speichel- und
Magensaftsekretion, wenn Speisen angeschaut oder vorgestellt werden. Aufgrund dieses Zusammenhangs können vegetative Vorgänge gemessen und
Rückschlüsse auf die auslösenden zentralnervösen Prozesse gezogen werden.
So kann bspw. bei einem Lügendetektor der elektrische Hautwiderstand als Indi-
kator für emotionale Belastung gemessen werden.[25]

---

[13] Vgl. Entringer/Heim (2016), S. 14.
[14] Vgl. Becker-Carus/Wendt (2017), S. 43.
[15] Vgl. von der Assen (2016), S. 80.
[16] Vgl. Birbaumer/Schmidt (2010), S. 102.
[17] Vgl. Dierlmeier (2015), S. 25.
[18] Vgl. Kugler (2017), S. 396.
[19] Vgl. Becker-Carus/Wendt (2017), S. 44.
[20] Vgl. Kugler (2017), S. 396.
[21] Vgl. Birbaumer/Schmidt (2010), S. 102.
[22] Vgl. Ebd., S. 102.
[23] Vgl. Zimbardo/Gerrig (1999), S. 68.
[24] Vgl. Entringer/Heim (2016), S. 14.
[25] Vgl. Birbaumer/Schmidt (2010), S. 102.

Für die Sicherung des Überlebens arbeiten zwei Untersysteme des VNS zusammen:[26] das sympathische Nervensystem bzw. der Sympathikus, der den Organismus bei Bedrohung und Stress mobilisiert, und das parasympathische Nervensystem bzw. der Parasympathikus, der Energieressourcen in Ruhephasen aufbaut.[27]

Der Sympathikus ist ergotrop, d.h. auf Arbeit ausgerichtet,[28] und eine Art „Störensucher"[29]. Bei Notfällen, stresserzeugenden Herausforderungen oder emotionaler Erregung werden Energie und Leistungsressourcen aktiviert, stimuliert und mobilisiert, um so das Individuum auf bedrohliche Situationen vorzubereiten. Der Herzschlag wird beschleunigt, der Blutzuckerspiegel erhöht, Arterien und Bronchien erweitert, die Verdauungstätigkeit vermindert und innersekretorische Drüsen zur Hormonausschüttung, wie bspw. Adrenalin, zur weiteren Steigerung der aktivierenden Erregung aktiviert,[30] um motorische Reaktionen zu erleichtern.[31]

Nach der Anspannung sorgt der Parasympathikus für die Beruhigung und Erholung. Er ist trophotrop, d.h. auf Ruhe ausgerichtet. Der Herzschlag wird vermindert, der Blutzuckerspiegel abgesenkt, die Atmung beruhigt, die Verdauung wiedereingesetzt und Energiereserven aufgebaut.[32]

Sympathikus und Parasympathikus arbeiten weitgehend antagonistisch zueinander und innervieren fast alle inneren Organe. Sie sorgen unter normalen Bedingungen gemeinsam für einen ausgewogenen Gleichgewichtszustand.[33] Es kann allerdings beim Sympathikus zu einer Überreaktion kommen, so dass er auf eine nicht bedrohliche Situation reagiert als sei sie gefährlich und Flucht- und Kampfmechanismen mobilisiert.[34]

Auch wenn das Nervensystem funktionell nach SNS und VNS unterschieden werden kann, sind beide Systeme miteinander verflochten. Zum Beispiel erhöht sich beim Riechen eines schmackhaften Gerichts, welches ein Sinneseindruck

---

[26] Vgl. Zimbardo/Gerrig (1999), S. 68.
[27] Vgl. Entringer/Heim (2016), S. 14.
[28] Vgl. Becker-Carus/Wendt (2017), S. 44.
[29] Vgl. Zimbardo/Gerrig (1999), S. 68.
[30] Vgl. Becker-Carus/Wendt (2017), S. 44.
[31] Vgl. Zimbardo/Gerrig (1999), S. 68.
[32] Vgl. Becker-Carus/Wendt (2017), S. 44.
[33] Vgl. Ebd., S. 44.
[34] Vgl. Zimbardo/Gerrig (1999), S. 68.

des somatischen Nervensystems ist, der Speichelfluss, der vom vegetativen Nervensystem gesteuert wird.[35]

Zudem bestehen beide Systeme aus afferenten und efferenten Fasern. Informationen werden über afferente Bahnen vom Körper zum ZNS und über efferente Bahnen vom ZNS zum Körper geleitet.[36] Afferenzen werden auch als sensorische, d.h. Sinneseindruck vermittelnde, Nervenfasern bezeichnet. Informationen aus den Eingeweiden werden im VNS über Viszeroafferenzen übermittelt. Bei Signalen aus der Skelettmuskulatur, Gelenken, Haut und Sinnesorganen des SNS handelt es sich um Somatoafferenzen. Efferenzen sind motorisch und werden nach Viszeroefferenzen des VNS, die die Innervation von glatter Muskulatur, Herzmuskulatur und Drüsen im Fokus haben, und Somatoefferenzen des SNS, welche die Skelettmuskulatur innervieren, unterschieden.[37] Das VNS besitzt die beiden vorgestellten Typen efferenter Nerven: die sympathische und parasympathische Nerven.[38]

Einen Überblick über die Aufteilung des Nervensystems gibt folgende Abbildung.

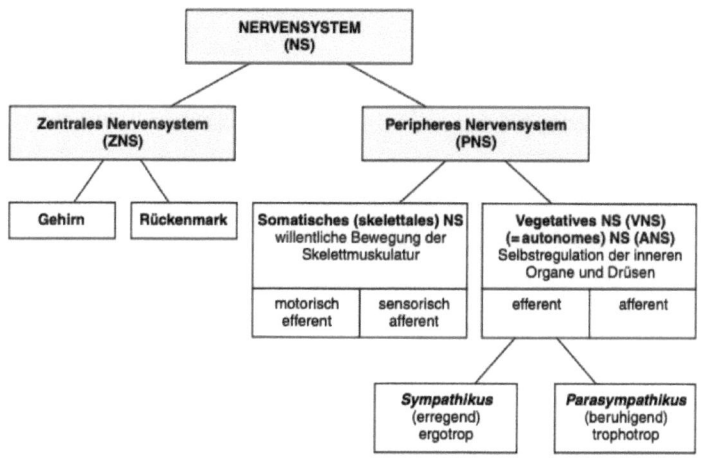

Abbildung 3: Organisation des Nervensystems
Quelle: Becker-Carus/Wendt (2017), S. 34.

---

[35] Vgl. Kugler (2017), S. 396.
[36] Vgl. Entringer/Heim (2016), S. 14.
[37] Vgl. Kugler (2017), S. 396.
[38] Vgl. Entringer/Heim (2016), S. 14.

Darüber hinaus kann eine weitere Unterscheidung getroffen werden. Das SNS ist entwicklungsgeschichtlich ein „junges" Nervengewebe, das nur bei höher entwickelten Lebensformen vorkommt. Das VNS ist entwicklungsgeschichtlich älter und findet sich bereits bei sehr niedrig entwickelten Lebensformen.[39]

Außerdem besteht ein Unterschied hinsichtlich der Neurotransmitt. Diese sind Überträgersubstanzen an den Synapsen des Nervensystems.[40] Die Neurotransmitter des VNS sind Acetylcholin für den Parasympathikus und Noradrenalin für den Sympathikus. Der Neurotransmitter im SNS ist ausschließlich Acetylcholin.[41]

Die Unterschiede sind stichpunktartig in der folgenden Tabelle zusammengefasst:

Somatisches Nervensystem	Vegetatives Nervensystem
Innervation der Skelettmuskulatur und der bewussten Wahrnehmung von Sinneseindrücken	Regelung der vegetativen Körper-aktivitäten, die nicht direkt vom Individuum kontrolliert werden können
Interaktion mit Umwelt	Erhaltung der Homöostase des Gesamtsystems
Willentliche Kontrolle	Unbewusste Steuerung
Entwicklungsgeschichtlich junges Nervengewebe	Entwicklungsgeschichtlich älteres Nervengewebe
Zielorgane werden aus einer spezifischen Region des ZNS versorgt	Zielorgane werden aus zwei Regionen, dem Sympathikus und Parasympathikus, versorgt
Neurotransmitter: Acetylcholin	Neurotransmitter: Acetylcholin (Parasympathikus) und Noradrenalin (Sympathikus)

Tabelle 1: Unterschiede zwischen dem SNS und VNS
Quelle: Eigene Darstellung angelehnt an Dierlmeier (2015), S. 25.

---

[39] Vgl. Dierlmeier (2015), S. 25.
[40] Vgl. Dorsch Lexikon Neurotransmitter (2020).
[41] Vgl. Dierlmeier (2015), S. 25.

Abschließend kann festgehalten werden, dass das SNS für die „Auseinandersetzung des Individuums mit der Umwelt" verantwortlich ist, während die Hauptaufgabe des VNS in der „Ordnung der inneren Funktionen" besteht.[42]

2. Funktionen der Hormone der Hypophyse

In diesem Abschnitt werden die Funktionen von vier verschiedenen Hormonen, die von der Hypophyse ausgeschüttet werden, vorgestellt.

Die Hypophyse ist eine Hormondrüse[43], welche die Größe eines Kirschkerns hat und sich aus dem Vorderlappen (Adenohypophyse) und dem Hinterlappen (Neurohypophyse) zusammensetzt.[44] Über den Hypophysenstiel ist sie mit dem Hypothalamus verbunden.[45]

Die Neurohypophyse speichert die sogenannten Effektorhormone, die vom Hypothalamus produziert werden und bei Bedarf ausgeschüttet werden. Effektorhormone sind Oxytozin und Vasopressin.

Die Adenohypophyse produziert selbst eine Reihe von Hormonen, die durch Releasing- und Inhibiting-Hormone des Hypothalamus gesteigert oder gehemmt werden. Hormone, die die Adenohypophse produziert, sind Somatotropin, Prolaktin, gonadotrope Hormone und glandotrope Hormone, wie das adrenocorticotrope Hormon (ACTH).[46]

---

[42] Vgl. Kowal-Summek (2018), S. 27.
[43] Vgl. Hemmelmann (2014), S. 4.
[44] Vgl. Roth/Huber (2018), S. 233.
[45] Vgl. Hemmelmann (2014), S. 4.
[46] Vgl. Krieger (2011), S. 98.

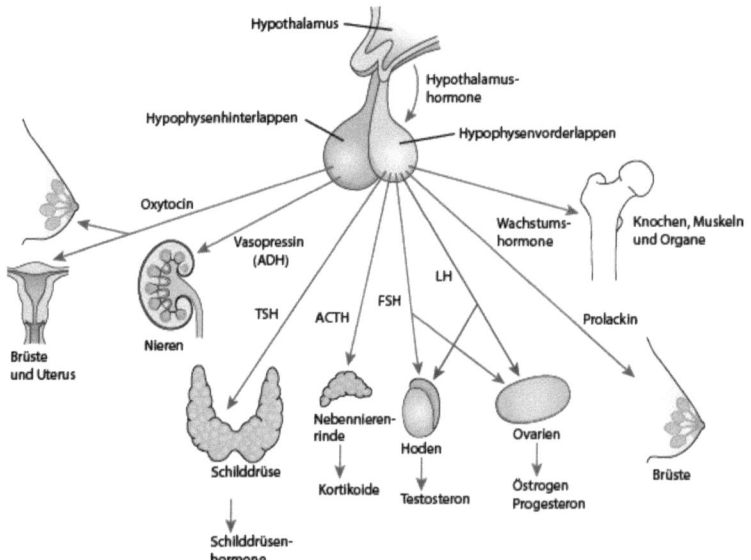

Abbildung 4: Die Hypophyse und ihre Zielorgane
Quelle: MSD Manuals Hypophyse (2019).

2.1 Adrenocorticotropes Hormon

Das adrenocorticotrope Hormon bedeutet übersetzt „auf die Nebennierenrinde gerichtet" und ist eines der weitreichendsten Hormone der Hypophyse.[47] Es ist ein glandotropes Hormon, das die nachfolgenden Hormondrüsen reguliert; andere Hormone, die nicht glandotrop sind, wirken direkt auf die Zielzellen.[48]

ACTH bewirkt vor allem die Ausschüttung der Glucocorticoide und der Mineralocorticoide aus der Nebenniere.[49] Zusammen mit dem Releasing-Hormon CorticotropinReleasing-Hormon (CRH), ist es in einem Regelkreissystem, dem Hypothalamus-Hypophysen-Nebennierenrinden-System (HHN-System), eingebunden.[50] Bei Stress bspw. in Form von Angst, Furcht oder Schmerz scheidet der Hypothalamus CRH aus,[51] welches wiederum die Adenohypophyse veranlasst, ACTH auszuschütten.[52] Das ACTH wird mit dem Blutstrom zu den Drüsen der

---

[47] Vgl. Becker-Carus/Wendt (2017), S. 46-47.
[48] Vgl. Claus/Claus (2018), S. 196.
[49] Vgl. Ebd., S. 196.
[50] Vgl. Becker-Carus/Wendt (2017), S. 46.
[51] Vgl. Ebd., S. 46.
[52] Vgl. Claus/Claus (2018), S. 205.

Nebennierenrinde und weiteren Organen weitergeleitet. Dort löst es die Ausschüttung von ca. 30 verschiedenen Hormonen aus, die die Körperfunktionen an
die Stressbelastung auf unterschiedlichste Art anpassen.[53] In der Nebennierenrinde bzw. dem adrenalen Kortex führt ACTH zur Synthese und Freisetzung von
Glucocorticoiden,[54] wie Cortisol und Aldosterol, die in gegenseitiger Wechselwir-
kung mit den Catecholaminen Adrenalin und Noradrenalin stehen.[55] Glucocorticoide steuern physiologische Ereignisse und hemmen die weitere Aktivierung der
Hypothalamus-Hypophysen-Nebennierenrinden-Achse (HHN-Achse).[56]

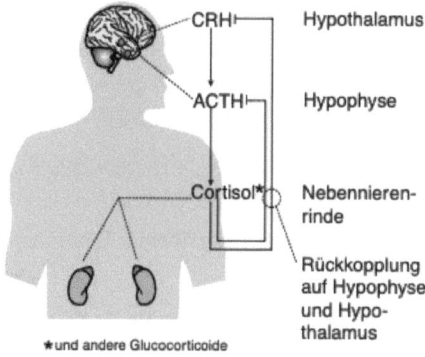

Abbildung 5: Regulation der Ausschüttung von Glucocorticoiden
Quelle: Claus/Claus (2018), S. 205.

Des Weiteren fördert ACTH die Freisetzung anderer Steroidhormone bspw. ad-
renaler Androgene.[57] Darüber hinaus wirkt ACTH direkt auf nicht-endokrine Zielorgane. So beeinflusst es die Aktivierung intrazellulärer Lipasen und somit die
Mobilisierung von Fett sowie den Abbau von Cortisol in der Leber. Die therapeutische Bedeutung des ACTHs liegt in der Hormonbehandlung rheumatischer und
allergischer Leiden.[58] Wenig bekannt ist die psychologische Wirkung physiologi-
scher Dosen beim Menschen. Es gab keine stärkeren Effekte in Untersuchungen
an Gesunden.[59]

---

[53] Vgl. Becker-Carus/Wendt (2017), S. 46.
[54] Vgl. Dorsch Lexikon ACTH (2020).
[55] Vgl. Becker-Carus/Wendt (2017), S. 47.
[56] Vgl. Bullmann (2020), S. 135.
[57] Vgl. Ebd., S. 135.
[58] Vgl. Spektrum Lexikon ACTH (2020).
[59] Vgl. Dorsch Lexikon ACTH (2020).

2.2 Somatotropin

Somatotropin ist ein Wachstumshormon, das der Regulation des Körper- und Organwachstums dient. Es wird in der Adenohypophyse gebildet.[60]
Über die Bildung von IGF1 und IGF2 (insulin like growth factors) erzielt Somatotropin die meiste Wirkung. IGF1 und IGF2 werden vor allem in der Leber unter dem Einfluss von Somatotropin gebildet. Zu den wichtigsten Wirkungen von Somatotropin zählt u.a. die Förderung des Wachstums von Knochen, Muskeln und Eingeweiden sowie die Förderung der Synthese von Proteinen, wie Kollagen, die für das Wachstum erforderlich sind.[61] Daher ist es ein anaboles Hormon. Ferner wird der Stoffwechsel beeinflusst, um die Voraussetzungen für das Wachstum zu schaffen. Die Glukoneogenese aus Aminosäuren wird gehemmt, die somit für die Proteinsynthese zur Verfügung steht. Zudem drosselt es den Glukoseverbrauch durch die Hemmung der Glukoseaufnahme und Glykolyse in Fett- und Muskelzellen. Ferner fördert es die Lipolyse, um Energie für das Wachstum bereitzustellen.[62] Darüber hinaus stärkt es die Immunabwehr über die Stimulation der T-Lymphozyten und Makrophagen.[63]
Ein Überschuss an Somatotropin kann vor dem Schluss der Epiphysenfuge, also vor Abschluss des Längenwachstums, zu einem hypophysären Riesenwachstum von bis zu 2,60 Meter führen.[64] Nach Abschluss des Längenwachstums bleibt die Körpergröße gleich, aber der Somatotropinüberschuss führt zur Akromegalie. Diese Krankheit zeichnet sich durch eine Vergrößerung des Kinns, Nase und Eingeweide (Herz, Leber, Niere), Schilddrüse und Zunge sowie durch eine Verbreiterung von Kiefer-, Backenknochen Händen und Füßen aus.[65] Ein Somatotropin-Überschuss basiert zumeist auf einer unkontrollierten Hormonbildung bspw. durch ein Hypophysenademon, d.h. durch einen gutartigen Tumor.
Ein Somatotropinmangel kann bei Kindern zu einem hypophysären Kleinwuchs mit Mikropenis, hoher Stimme und Zunahme von Fettgewebe führen. Bei Erwachsen bewirkt es u.a. eine Abnahme von Muskelmasse, Zunahme von Fett-

---

[60] Vgl. Lang/Föller (2019), S. 926.
[61] Vgl. Lang (2010), S. 442.
[62] Vgl. Lang/Föller (2019), S. 926.
[63] Vgl. Lang (2010), S. 442.
[64] Vgl. Silbernagl/Lang (2009), S. 284.
[65] Vgl. Lang (2010), S. 443-444.

gewebe, Arteriosklerose, Schwächung des Immunsystems und psychische Stö-rungen, wie Depression. Der Mangel an Somatotropin kann u.a. genetisch be-dingt oder Folge einer Schädigung der hormonproduzierenden Zellen bspw. durch einen Tumor sein.[66]

Die hypophysäre Aktivität ist darüber hinaus in dem Atmungsprozess involviert. So zeichnen sich Patientinnen und Patienten mit einem Sleep Apnoe Syndrom durch eine deutlich verringerte Somatotropin-Freisetzung aus. Zudem reduziert eine Zunahme des Body Mass Index die 24-Stunden Somatotropin-Freisetzung, so dass Schlafqualität bzw. schlafassoziierte Atmungsstörungen vom Wachs-tumshormon und body composition beeinflusst werden. Dies könnte ein Erklä-rungsansatz dafür sein, warum der Verzicht auf das Abendessen die Schlafqua-lität verbessert.[67]

2.3 Oxytozin

Das Oxytozin wird im Hypothalamus bzw. im Nucleus supraopticus und Nucleus paraventricularis gebildet, über Axone zur Neurohypophyse transportiert, dort ge-speichert und von dieser bei Bedarf freigesetzt.[68]

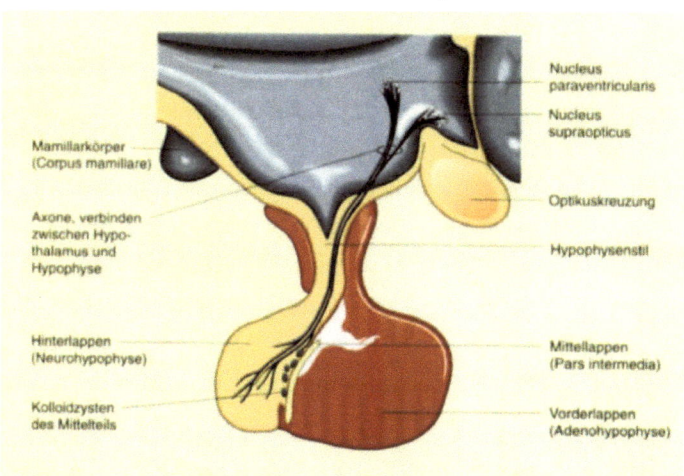

Abbildung 6: Verbindung zwischen Hypothalamus und Neurohypophyse
Quelle: Spornitz (2002), S. 507.

---

[66] Vgl. Silbernagl/Lang (2009), S. 284.
[67] Vgl. Roth/Huber (2018), S. 256.
[68] Vgl. Spornitz (2002), S. 507.

In Psychiatrie und Psychotherapie besteht ein großes Interesse an Oxytozin. 1906 wurde es in der Hypophyse entdeckt und dessen Zusammenhang mit dem Geburtsvorgang und dem Stillen dargestellt.[69] Über die Blutbahn gelangt es zu seinen primären peripheren Zielorganen, der Gebärmutter und den Brustdrüsen.[70] Beim Uterus führt es zu Kontraktionen, die den Geburtsvorgang fördern. Im Anschluss an die Geburt unterstützt es den Milcheinschuss in der Brust.[71]

In den letzten Jahren wurde deutlich, dass die Bedeutung von Oxytozin für das menschliche Verhalten noch viel weitreichender ist.[72] Umgangssprachlich wird es als „Kuschelhormon" genannt, da es förderlich für zwischenmenschliche Beziehungen ist.[73] So spielt es bei der Regulation von Sozialverhalten bspw. bei der Mutter-Kind-Bindung und beim Paarverhalten (Monogamie) eine Rolle. Insbesondere in dopaminergen Regionen im Gehirn, die wichtig für das Belohnungslernen sind, ist die Dichte an Oxytozinrezeptoren besonders hoch. Dies wird als Erklärung angesehen, warum soziale Bindung als belohnend empfunden wird.[74]

In Untersuchungen mit Wühlmäusen hat sich gezeigt, dass sich monogam lebende (Präriewühlmäuse) und polygam lebende (Bergwühlmäuse) Arten in der Oxytocin-Rezeptorausstattung im Gehirn unterscheiden. Wird Präriewühlmäusen ein Oxytocin-Antagonist verabreicht, vermeiden sie ebenfalls engere soziale Kontakte.[75]

Zudem konnte aufgezeigt werden, dass Oxytozin das Vertrauen in fremde Personen steigert und stress- und angstreduzierende Effekte in sozialen Stress-situationen erzielt.[76]

In einem sog. Vertrauensspiel besaßen zwei Spieler jeweils 12 geldwerte Punkte. Spieler 1 hatte die Möglichkeit 0, 4, 8 oder 12 Punkte an Spieler 2 zu überweisen, die vom Experimentator verdreifacht wurden. Beendet wurde das Spiel durch Spieler 2 mit einem beliebigen Rücktransfer zwischen 0 und 12 Punkten. Spieler 1 trug hierbei das größte soziale Risiko, da bei der Überweisung größerer Geldbeträge viel Vertrauen in eine fremde Person übertragen wird, ohne zu wissen,

[69] Vgl. Berger (2012), S. 3.
[70] Vgl. Kirschbaum/Heinrichs (2011), S. 208.
[71] Vgl. Entringer/Heim (2016), S. 26.
[72] Vgl. Berger (2012), S. 3.
[73] Vgl. Roth/Huber (2018), S. 233.
[74] Vgl. Entringer/Heim (2016), S. 27.
[75] Vgl. Berger (2012), S. 3.
[76] Vgl. Entringer/Heim (2016), S. 27.

inwieweit diese zurücküberwiesen werden. Spieler der ersten Gruppe transferierten unter Oxytozin signifikant mehr Punkte an Spieler der zweiten Gruppe als unter Placebo. 45% der Personen der Oxytozingruppe gab in allen Spielen die höchsten Punkte an Spieler 2.[77]

Ferner zeigt sich bei Menschen nach einer Oxytozingabe eine verringerte Reaktion der Amygdala auf furchteinflößende Reize.[78] In einem Laborstresstest wurden den Probandinnen und Probanden randomisiert entweder Oxytozin oder ein Placebo zugeteilt. Zudem durfte die Hälfte der Versuchsteilnehmenden nach dem Zufallsprinzip, die beste Freundin oder den besten Freund als soziale Unterstützung mitbringen. Die soziale Unterstützung führte zu einer signifikant niedrigeren endokrinen (Kortisol) und psychischen Stressreaktion (Angst, Unruhe).[79] Die stresslösenden Effekte von sozialer Unterstützung wurden durch die Verabreichung von Oxytozin verstärkt[80], denn die geringste Kortisol-Stress-Reaktion und niedrigste subjektive Angst- und Stressreaktion bewirkte die Kombination von zusätzlichem Oxytozin und sozialer Unterstützung.[81]

Aus neurobiologischer Sicht zeigt Oxytozin eine anxiolytische, d.h. angstlösende, Wirkung, indem es Effekte des CRH an GABAergen Interneuronen in Amygdala und Nucleus paraventricularis im Hypothalamus hemmt. Die Senkung der CRH-induzierten Effekte resultiert in einer Dämpfung der HHN-Achse und führt damit zu einer Dämpfung der Angstreaktionen. Die Amygdala vermittelt und reguliert maßgeblich Angst.[82] CRH wird im Nucleus paraventricularis im Hypothalamus gebildet und stimuliert als Teil des HHN-Systems in der Adenohypophyse die Ausschüttung von ACTH.[83] Dementsprechend kann die anxiolytische, stresshemmende und prosoziale Wirkung von Oxytocin für die Vorbeugung von Angstsymptomatik, Stressempfindlichkeit und sozialen Rückzug genutzt werden.[84]

In klinischen Studien wird die Applikation von Oxytozin in Kombination mit Psychotherapie geprüft, inwieweit dadurch eine Besserung der Symptomatik bei psy-

---

[77] Vgl. Kirschbaum/Heinrichs (2011), S. 209.
[78] Vgl. Entringer/Heim (2016), S. 27.
[79] Vgl. Kirschbaum/Heinrichs (2011), S. 210-211.
[80] Vgl. Entringer/Heim (2016), S. 27.
[81] Vgl. Kirschbaum/Heinrichs (2011), S. 210-211.
[82] Vgl. Faehrmann et al. (2017), S. 1-4.
[83] Vgl. Dorsch Lexikon CRH (2020).
[84] Vgl. Faehrmann et al. (2017), S. 1.

chischen Störungen mit sozialen Defiziten, wie soziale Phobie, Depression, Autismus oder Borderline-Persönlichkeitsstörung eintreten kann.[85] Zum Beispiel ist es Autisten kaum möglich, sich in andere hineinzuversetzen oder soziale Interaktionen zu verstehen. Oxytozin beeinflusst eben diese entscheidenden Aspekte sozialer Interaktionen, wie Empathie, die Fähigkeit, Emotionen beim Gegenüber zu erkennen, Vertrauen oder die Bindungsfähigkeit. Klinische Therapiestudien mit Oxytocin sind vor allem beim Asperger-Autismus und bei der sozialen Phobie am weitesten fortgeschritten. Der Einsatz von Oxytozin bei psychischen Erkrankungen zeigt dabei eine neue Herangehensweise in der Psychopharmakologie, da es nicht um eine Besserung der Krankheitssymptome, sondern um eine Erleichterung von Psychotherapie geht.[86]

2.4 Vasopressin

Wie auch das Oxytozin wird das Vasopressin oder auch antidiuretisches Hormon (ADH) im Hypothalamus gebildet, in der Neurohypophyse gespeichert und von dieser bei Bedarf freigesetzt.[87] Es reguliert den Wasserhaushalt, indem es die Wasserrückresorption in der Niere steigert und dadurch die Urinausscheidung verringert.[88] Das Wasser kann so dem Blutvolumen zur Verfügung stehen. Bei Flüssigkeitsmangel hält Vasopressin den Blutdruck konstant und beugt bspw. bei starkem Schwitzen oder einer Blutung einem hypovolämischen Schock vor.[89]

Ein Vasopressinüberschuss kann bspw. auf Tumoren, Stress[90] oder auf Einnahme von Medikamenten wie Antiepileptika, Neuroleptika und Antidepressiva beruhen.[91] Ein Überschuss kann eine verminderte Wasserausscheidung und daraus resultierend Harnsteine zur Folge haben.[92]

Ein Vasopressinmangel tritt u.a. bei Diabetes insipidus auf.[93] Der Mangel kann gravierende Folgen haben, denn die Patientinnen und Patienten scheiden täglich bis zu 12 Litern stark verdünnten Urin aus. Die Folgen können erhöhter Durst,

---

[85] Vgl. Entringer/Heim (2016), S. 26-27.
[86] Vgl. Berger (2012), S. 3.
[87] Vgl. Spornitz (2002), S. 507.
[88] Vgl. Roth/Huber (2018), S. 246.
[89] Vgl. Pharmazeutische Zeitung (2011).
[90] Vgl. Silbernagl/Lang (2009), S. 282.
[91] Vgl. Pharmazeutische Zeitung (2011).
[92] Vgl. Silbernagl/Lang (2009), S. 282.
[93] Vgl. Ebd., S. 282.

enorme Salzverluste oder Hypovolämie, d.h. eine Verminderung der im Kreislauf zirkulierenden Blutmenge, sein.[94]

Darüber stimuliert Vasopressin die Ausschüttung von ACTH aus der Adenohypophyse[95] und beeinflusst das Herz-Kreislauf-System.[96] Es soll die Lernfähigkeit und Gedächtnisleistungen bei jungen Menschen sowie Depressiven fördern und soziale Verhaltensweisen modulieren,[97] des Weiteren steuert es Emotionen.[98] Störungen des Vasopressin-Systems werden zudem mit psychischen Erkrankungen wie Depression und Autismus in Zusammenhang gebracht.[99]

Neben der Regulierung der Wasserausscheidung über die Nieren und des Angstempfindens, wurde Vasopressin vor allem hinsichtlich männlichem Sozialverhaltens, wie Anerkennung, Aggression, Paarbindung und väterliche Fürsorge, beschrieben.[100] Die Regulierung weiblicher komplexer sozialer Verhaltensweisen wurde hauptsächlich mit Oxytozin verknüpft. Allerdings wird das mütterliche Verhalten sowohl vom Oxytozin als auch Vasopressin gesteuert. Strukturell sind beide eng verwandt. So konnte nachgewiesen werden, dass Vasopressin das mütterliche Fürsorgeverhalten von Ratten sogar stärker beeinflusst als Oxytocin. Rattenmütter, bei denen das Vasopressin-System im Gehirn blockiert wurde, waren ihren Jungen gegenüber weniger zugewandt. Wurde das Gen für die Vasopressin-Erkennung im Gehirn der Mütter aktiviert, verbesserte sich die Fürsorglichkeit deutlich. Weitere Studien müssen zeigen, ob eine gestörte Mutter-Kind-Beziehung Folge einer Fehlregulation des Vasopressin-Systems sein könnte. So könnten durch die Manipulation des Vasopressin-Systems, psychisch kranke Müttern mit einer postpartalen Depression oder Psychose behandelt werden.[101]

---

[94] Vgl. Pharmazeutische Zeitung (2011).
[95] Vgl. Ebd.
[96] Vgl. Ludwig (2009), S. 96.
[97] Vgl. Ebd., S. 96.
[98] Vgl. Pharmazeutische Zeitung (2011).
[99] Vgl. Ebd.
[100] Vgl. Bosch/Neumann (2008), S. 17139.
[101] Vgl. Uni Regensburg (2008).

3. Neurofeedback

Mit Hilfe des Neurofeedbacks ist es der Patientin und dem Patienten möglich, Hirnstromkurven gezielt zu beeinflussen. Insbesondere in der Therapie von Hirnverletzungen, Hyperaktivitätssyndromen und Epilepsien wird dieses Verfahren seit 1970 eingesetzt. Ziel ist es, plötzliche, unerwünschte Hirnaktivitätssteigerungen rechtzeitig zu erkennen und zu unterdrücken.[102]
Das Neurofeedback gilt als spezielle Form des Biofeedbacks und ist international ein wissenschaftlich anerkanntes Verfahren, um das ZNS zu stabilisieren und Hirnaktivitäten zu optimieren.[103] Das Biofeedback ist eine verhaltensmedizinische Methode, bei der biologische Informationen rückgemeldet werden. Mit entsprechenden Messsystemen werden unbewusste Körpersignale aufgezeichnet und Signale so aufbereitet, dass eine Rückmeldung an die Patientinnen und Patienten erfolgen kann. Das ermöglicht das Bewusstwerden von Körperprozessen und die Einflussnahme auf die Vorgänge im Körperinneren. Dadurch entwickelt sich eine Sensibilisierung, welche die Interozeptionsfähigkeit der Patientinnen und Patienten erhöht und dazu führt, dass diese lernen, Körperfunktionen gesundheitsförderlich zu beeinflussen. Das erhöht wiederum die Selbstwirksamkeit.[104]

Gemessen werden kann die Hirnaktivität durch verschiedene Verfahren, wie bspw. die Elektroenzephalografie (EEG) oder mit bildgebenden Verfahren, wie der funktionellen Magnetresonanztomografie (fMRT). Letztere wird vor allem dann eingesetzt, wenn die interessierenden Gehirnareale nicht an der Oberfläche des Kortex liegen.[105] Das EEG misst Gehirnstromwellen bzw. EEG-Wellen, um im Rahmen eines Feedbacktrainings Regulationsstörungen im Gehirn zu verbessern und zu beheben.[106] Auf diese Weise kann eine Veränderung der rückgemeldeten Aktivität erlernt werden, die die motorischen und kognitiven Funktionen, die mit der Gehirnaktivität verbunden sind, wiederum verändern. So können

---

[102] Vgl. Gosepath et al. (2001), S. 29.
[103] Vgl. Flatz/Gleußner (2014), S. 22.
[104] Vgl. La Marca (2016), S. 81-82.
[105] Vgl. Ebd., S. 766.
[106] Vgl. Flatz/Gleußner (2014), S. 22.

Reaktionsgeschwindigkeit, Aufmerksamkeitsleistung und Konzentrationsfähigkeit verbessert werden.[107] Aufmerksamkeit und kognitive Leistungen sind dabei mit spezifischen Frequenzbereichen des EEG verbunden.[108] Alpha-Wellen herrschen okzipital im entspannten Wachzustand mit Frequenzen zwischen 8 Hz und 13 Hz vor; Beta-Wellen treten bei erhöhter Aufmerksamkeit, wie Kopfrechnen, Anspannung, Schallreize oder Schmerz frontal und zentral temporal mit Frequenzen zwischen 14 Hz und 30 Hz auf. Durch sensorische Stimulation kann der Alpha-Rhythmus beeinflusst werden. Im Schlafzustand finden sich langsame Wellen, wie Theta-Wellen mit Frequenzen zwischen 4 Hz und 8 Hz, und Delta-Wellen mit Frequenzen zwischen 0,5 Hz und 3,5 Hz.[109]

Das Neurofeedback funktioniert folgendermaßen. Die Patientinnen und Patienten lernen die Kontrolle und Veränderung bestimmter neurologischer und psychiatrischer Vorgänge im eigenen Körper. Elektroden am Kopf messen die elektrische Aktivität des Gehirns, welche aufgezeichnet wird. Die Therapeutin oder der Therapeut analysiert mit einer computergesteuerten Software das EEG-Bild und aktiviert die Regulationen und das Feedbacktraining. Die Patientin oder der Patient erhält gleichzeitig auf einem Bildschirm ein visuelles und auditives Feedback. Das Feedback ist in Form einer Animation ausgestaltet, die sich je nach Veränderungen in der Gehirnaktivität bewegt. Die Patientin oder der Patient soll die Animation nach therapeutischen Vorgaben mit eigener Konzentration in Bewegung halten. In relativ kurzer Zeit lernt das Gehirn eine Erhöhung der Gehirnwellen, die bspw. für Entspannung oder Konzentration sorgen, bei gleichzeitiger Reduktion der EEG-Wellen, die Ängste, Depressionen und Stress-gefühle auslösen.[110]

Mit dem EEG werden im entspannten Zustand über den sensomotorischen Arealen sensomotorische Rhythmen (SMR) gemessen, denn diese können durch Bewegungsvorstellungen leicht willentlich kontrolliert werden. Die SMR besteht aus Aktivität im α- (8–13 Hz) und β-Band (13–25 Hz) und wird als μ-Rhythmus bezeichnet. Bei Ausführung oder auch schon Vorstellung von Bewegungen werden diese Rhythmen verändert. Diese Veränderungen werden in spezifischen

---

[107] Vgl. Kübler/Neuper (2012), S. 766.
[108] Vgl. Ebd., S. 774.
[109] Vgl. Gosepath et al. (2001), S. 29.
[110] Vgl. Flatz/Gleußner (2014), S. 22.

motorischen Arealen repräsentiert, so dass sich die EEG-Signale während der vorgestellten Bewegung bspw. der linken Hand, der Füße, der Zunge, räumlich gut lokalisieren und somit unterscheiden lassen.[111]

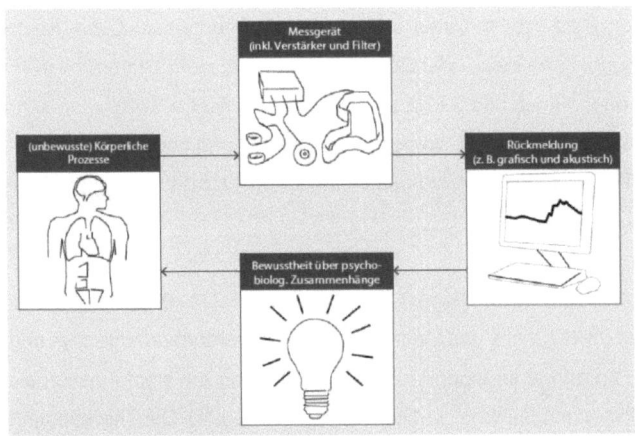

Abbildung 7: Wirkweise des Neurofeedbacks
Quelle: La Marca (2016), S. 82.

Zu den wichtigsten Lernmechanismen des Neurofeedbacks gehören das operante und klassische Konditionieren.[112] Die anfängliche Phase des Neurofeedbacks besteht aus Versuch und Irrtum, indem Probandinnen und Probanden verschiedene innere Zustände und Vorstellungen ausprobieren.[113] Hierbei spiegeln fluktuierende Feedback-Signale die stochastische und unkonditionierte neuronale Aktivität wider. Diese erreichen dann sporadisch und zufällig den Bereich der Aktivität, die erwünscht ist. Bei dieser erhält die Probandin oder der Proband eine entsprechende Rückmeldung, so dass das Gehirn, einen bestimmten neuronalen Zustand als internen Sollwert speichert und belohnende Signale wie Dopamin ausschüttet, die für die Neuroplastizität essentiell sind. Die Probandin oder der Proband versucht bei nachfolgenden Rückmeldeschleifen die Reproduktion der erwünschten Gehirnaktivitäten durch mentale Strategien. Durch diese Vorgehensweise werden immer effizientere Strategien verwendet, der Sollwert besser getroffen und somit die Gehirnaktivität leichter verändert.[114]

---

[111] Vgl. Kübler/Neuper (2012), S. 767-768.
[112] Vgl. Enriquez-Geppert (2019), S. 187.
[113] Vgl. Kübler/Neuper (2012), S. 769.
[114] Vgl. Enriquez-Geppert (2019), S. 187.

In der Wissenschaft und klinischen Anwendung findet das Neurofeedback aufgrund des Technikfortschritts sowie dem Wissenszuwachs neuronaler Funktionen immer Beachtung. Anwendungsbereiche sind vor allem therapeutische Verfahren.[115] Die Behandlungsmöglichkeiten mit dem Neurofeedback sind dabei vielfältig. Eingesetzt wird es insbesondere in der Therapie von Aufmerksamkeitsdefizit- und Hyperaktivitätsstörung (ADHS) und Autismus bei Kindern und Jugendlichen, aber auch bei weiteren zahlreichen neurologischen und psychiatrischen Erkrankungen, wie Epilepsie, Hirnverletzungen, chronischen Kopfschmerzen/Migräne, Konzentrations- und Gedächtnisproblemen, Schlafstörungen, Depressionen, Angst/Panikattacken, Tic-Störungen, Stresserkrankungen wie Burnout und posttraumatischen Belastungsstörungen.[116] Vor allem bei ADHS, Schmerzstörungen und Migräne werden mit dieser Methode gute Erfolge erzielt.[117]

Darüber hinaus wird es in der Gesundheitsförderung und Prävention z. B. zur Stressbewältigung oder Erhaltung der geistigen Flexibilität im Alter, in der mentalen Leistungssteigerung im Spitzensport oder bei der Verbesserung der künstlerischen Leistung von Musikerinnen und Musikern eingesetzt.[118] Ebenso ist das Neurofeedback Bestandteil experimenteller Methoden, um kausale Zusammenhänge zwischen neuronalen Merkmalen und kognitiven Funktionen zu untersuchen.[119]

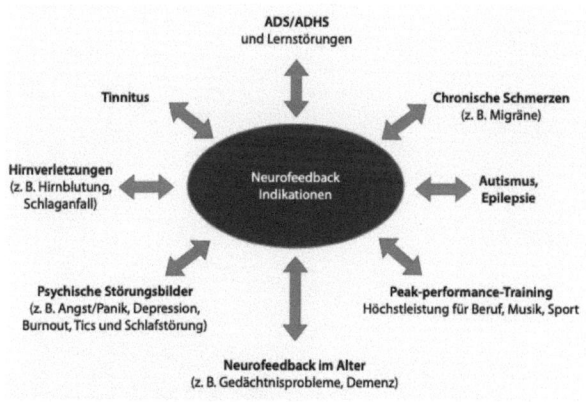

Abbildung 8: Behandlungsmöglichkeiten mit Neurofeedback
Quelle: Flatz/Gleußner (2014), S. 25.

---

[115] Vgl. Ebd., S. 186-187.
[116] Vgl. Flatz/Gleußner (2014), S. 22.
[117] Vgl. Dorsch Lexikon Neurofeedback (2020).
[118] Vgl. Flatz/Gleußner (2014), S. 22.
[119] Vgl. Enriquez-Geppert (2019), S. 187.

Vor einem Neurofeedback erfolgt eine Anamnese, Diagnostik und Befunderhebung. Beispielsweise hängen Schlafstörungen häufig mit kortikaler Übererregung zusammen, ADS ohne Hyperaktivität mit kortikaler Untererregung und Migräne oder Tics mit instabilem Arousal. Mit der Patientin oder dem Patienten wird ein Therapieplan und Therapieziel erarbeitet. Erforderlich sind meistens 15–30 Sitzungen. Es konnten ferner Langzeitwirkungen von bis zu mehreren Jahren nachgewiesen werden.[120]

---

[120] Vgl. Flatz/Gleußner (2014), S. 22-23.

Literaturverzeichnis

Becker-Carus, C./Wendt, M. (2017), Allgemeine Psychologie, 2. Aufl., Berlin.

Berger, M. (2012), Oxytocin – die steile Karriere eines Neuropeptids, Neurologie & Psychiatrie, 14. Jg., Nr. 3, S. 3.

Birbaumer, N./Schmidt, R. (2010), Biologische Psychologie, 7. Aufl., Heidelberg.

Bullmann, C. (2020), Bedeutung der Hypothalamus-Hypophysen-Nebennieren-rinden-Achse, Gynäkologische Endokrinologie, Jg. unbekannt, Nr. 18., S. 135–139.

Clauss, W./Clauss, C. (2018), Humanbiologie kompakt, 2. Aufl., Berlin.

Dorsch Lexikon ACTH (2020): Adrenocorticotropes Hormon, https://dorsch.hogrefe.com/stichwort/adrenokortikotropes-hormon, abgerufen am 16.09.2020.

Dorsch Lexikon CRH (2020): Kortikotropin Releasing Hormone, https://dorsch.hogrefe.com/stichwort/kortikotropin-releasing-hormone, abgerufen am 15.09.2020.

Dorsch Lexikon Neurofeedback (2020): Neurofeedback, https://dorsch.hogrefe.com/stichwort/neurofeedback, abgerufen am 14.09.2020.

Dorsch Lexikon Neurotransmitter (2020): Neurotransmitter, https://dorsch.hogrefe.com/stichwort/neurotransmitter, abgerufen am 13.09.2020.

Enriquez-Geppert, S. (2019), Neurofeedback aus der Perspektive der Neurowissenschaften, Psychotherapeut 2019, Jg. unbekannt, Nr. 64, S. 186–193.

Entringer, S./Heim, C. (2016), Biologische Grundlagen. In: Ehlert, U. (Hrsg.), Verhaltensmedizin, 2. Aufl., Berlin, Heidelberg, S. 13–42.

Faehrmann, T./Zernig, G./Mechtcheriakov, S. (2017): Oxytocin und die suchterhaltenden Mechanismen der Alkoholabhängigkeit, Neuropsychiatrie, Jg. unbekannt, Nr. 32, S. 1–8.

Flatz, T./Gleußner, M. (2014), Neurofeedbacktherapie bei ADHS und Autismus, Pädiatrie & Pädologie, 49. Jg., Nr. 1, S. 22–27.

Gosepath, K./Nafe, B./Ziegler, E./Mann, W. J. (2001), Neurofeedback in der Therapie des Tinnitus, HNO, Jg. unbekannt, Nr. 49, S. 29–35.

Hemmelmann, N. (2014), Stressreaktivität und Mutter-Kind-Interaktion im Säuglingsalter von 4 Monaten, Diss., Giessen.

Karim, A. (2015), Studienbrief Biologische Psychologie, Riedlingen.

Kindermann, H. (2020), Konsumentenverständnis, Wiesbaden.

Kirschbaum, C./Heinrichs, M. (2011), Biopsychologische Grundlagen. In: Wittchen, H.-U./Hoyer, J. (Hrsg.), Klinische Psychologie und Psychotherapie, 2. Aufl., Berlin, Heidelberg, New York, S. 193–222.

Kowal-Summek, L. (2018), Neurowissenschaften und Musikpädagogik, 2. Aufl., Wiesbaden.

Krieger, S. (2011), Pathologie-Lehrbuch für Heilpraktiker, 5. Aufl., Stuttgart.

Kugler, P. (2017), Der menschliche Körper, 3. Aufl., München.

Kübler, A./Neuper, C. (2012), Gehirn-Computer-Schnittstellen. In: Karnath, H.-O./Thier, P. (Hrsg.), Kognitive Neurowissenschaften, 3. Aufl., Berlin, Heidelberg, S. 765–776.

La Marca, R. (2016), Messmethoden der Verhaltensmedizin. In: Ehlert, U. (Hrsg.), Verhaltensmedizin, 2. Aufl., Berlin, Heidelberg, S. 65–98.

Lang, F. (2010): Hormone. In: Schmidt, R. /Lang, F./ Heckmann, M. (Hrsg.), Physiologie des Menschen, 31. Auf., Heidelberg, S. 435–461.

Lang, F./Föller, M. (2019): Hormone von Hypothalamus und Hypophyse. In: Brandes, R./Lang, F./Schmidt, R. (Hrsg.), Physiologie des Menschen, 32. Auf., Heidelberg, S. 924–931.

Ludwig, M. (2009): Regulation der Ovarfunktion. In: Leidenberger, F./Strowitzki, T./Ortmann, O. (Hrsg.), Klinische Endokrinologie für Frauenärzte, 4. Aufl., Heidelberg, S. 91–116.

MSD Manuals (2020): Hypophyse, https://www.msdmanuals.com/de-de/heim/hormon-und-stoffwechselerkrankungen/erkrankungen-der-hirnan-hangdr%C3%BCse-hypophyse/%C3%BCbersicht-%C3%BCber-die-hypo-physe, abgerufen am 16.09.2020.

Pharmazeutische Zeitung (2011): Vasopressin kann mehr, https://www.phar-mazeutische-zeitung.de/ausgabe-052011/vasopressin-kann-mehr/, abgerufen am 10.09.2020.

Roth, E./Huber, J. (2018), Endokrines System. In: Bachl, N./Löllgen, H./Tschan, H./Wackerhage, H./Wessner, B. (Hrsg.), Molekulare Sport- und Leistungs-physiologie, Wien, S. 229-264.

Silbernagl, St./Lang, F. (2009), Taschenatlas Pathophysiologie, 3. Aufl., Stutt-gart.

Spektrum Lexikon ACTH (2020): Adrenocorticotropes Hormon, https://www.spektrum.de/lexikon/biologie/adrenocorticotropes-hor-mon/1131, abgerufen am 16.09.2020.

Spornitz, U. (2002), Anatomie und Physiologie, 3. Aufl., Berlin, Heidelberg.

Uni Regensburg (2008): Neurobiologen der Uni Regensburg zeigen: Hormon Vasopressin ist verantwortlich für mütterliche Fürsorge bei Ratten, https://www.uni-regensburg.de/pressearchiv/013117.html, abgerufen am 10.09.2020.

von der Assen, C. (2016), Crash-Kurs Psychologie, Berlin, Heidelberg.

Zimbardo, P./Gerrig, R. (1999), Psychologie, 7. Aufl., Berlin, Heidelberg.